L'ALLIANCE DE MARIAGE

LAMPARO

Contact auteur :
Tel. : 1-438 872 4321
Email : ajm@lamparo.org
Web : www.lamparo.org
Québec-Canada

Tous les textes bibliques cités dans cet ouvrage sont tirés de Louis Segond, Édition revue avec références.

Tout droit de reproduction et de traduction réservés.

Éditions à compte d'auteur

ISBN : **978-2-923727-60-8**   (2016)

Du même auteur;

    L'itinéraire authentique de salut

    La christologie

    L'Afrique et son destin

    La christomancie

Spéciale dédicace à toutes et à tous les célibataires en Christ.

SOMMAIRE

INTRODUCTION 9

Chapitre I
L'HOMME ET LA FEMME 11

Chapitre II
LE CODE ET LES CLAUSES DU MARIAGE 17

Chapitre III
LE CHOIX D'UN CONJOINT 27

Chapitre IV
LES FIANÇAILLES 37

Chapitre V
LE MARIAGE 41

Chapitre VI
LES OBSTACLES DU MARIAGE 69

CONCLUSION 89

INTRODUCTION

Le mariage est une entente, une convention, une liaison, une union ou une alliance d'amour conclue à vie entre deux ou plusieurs conjoints.

Il existe sous deux formes : ***le bon mariage et le mauvais mariage***. Le bon mariage tel que voulut par Dieu, a un code avec des clauses, et constitue un lien sacré entre les conjoints. Tandis que le mauvais mariage est charnel et finit par produire la déception.

Quel que soit le genre de mariage, l'Éternel est le véritable témoin et le seul médiateur secret entre les conjugués.

CHAPITRE I

L'HOMME ET LA FEMME

Le premier humain créé par Dieu fut un homme entier, malgré sa forme apparente de mâle. Il avait un côté masculin et féminin incorporés en lui, mais il était empêché de ressentir un quelconque désir sexuel, et n'était pas attiré par d'autres créatures animales. Voyant cela, Dieu dit: *il n'est pas bon que l'homme soit seul ; je lui ferai une aide semblable à lui. L'Éternel Dieu fit tomber un profond sommeil sur l'homme, qui s'endormit; il prit une de ses côtes, et referma la chair à sa place. L'Éternel Dieu forma une femme de la côte qu'il avait prise de l'homme, et il l'amena vers l'homme.*

Et l'homme dit: voici cette fois celle qui est os de mes os et chair de ma chair ! On l'appellera femme, parce qu'elle a été prise de l'homme. C'est pourquoi l'homme quittera son père et sa mère, et s'attachera à sa femme, et ils deviendront une seule chair. Genèse 2 : 18-24.

La femme étant issue de l'homme, lui est subordonnée, nonobstant l'égalité de sexe exigée par les femmes, car il est écrit: *tes désirs se porteront vers ton mari, mais il dominera sur toi.* Genèse 3 : 16.

L'homme est de par Dieu, le chef de la femme, parce qu'elle a été tirée de lui; et l'homme n'a pas été créé à cause de la femme, mais c'est la femme, qui a été créée à cause de l'homme. Toutefois, dans le Seigneur, la femme n'est point sans l'homme, ni l'homme sans la femme. Car de même que la femme a été tirée de l'homme, de même l'homme existe par la femme, et tout vient Dieu.

Depuis des générations, certaines personnes préservent leur identité d'hommes et femmes entiers et ne se souillent point par la sexualité, à cause de l'importance de la mission divine qui leur est assignée. Jésus-Christ, et plusieurs autres en sont des exemples vivants.

Si un homme ou une femme qui se croit entier prend sans contrainte une ferme résolution de rester célibataire et chaste à vie pour se consacrer à Dieu et à son œuvre; il respectera son engagement, de peur qu'il ne soit traité de blasphémateur.

Mais le reste des hommes sont des moitiés, et ont besoin de se joindre à leurs âmes sœurs, afin de devenir aussi des êtres entiers. Ces moitiés sont dispersées à leur insu dans tous les pays du monde selon le bon vouloir de Dieu, qui les a séparés.

Certains ont une seule moitié, tandis d'autres en ont plusieurs. Mais Dieu seul connaît avec exactitude où se trouvent la ou les moitiés de chaque homme. On ne se marie donc pas au hasard.

L'homme ou femme qui éprouve le désir de se marier a le devoir de passer la commande de sa ou de ses conjoints à Dieu, afin que le contact soit possible.

Malgré ce qui vient d'être dit, il y a dans la société humaine une réalité bouleversante qui ne saurait laisser indifférent, et qui mérite qu'on en parle un temps soit peu.

Il existe des êtres naturels appelées hermaphrodites et des ladies boys, qui d'apparence ont la morphologie des femmes, et qui au-dedans sont bisexuées ou sont carrément munies d'un sexe masculin; je ne parle pas ici des travestis.

Elles ne sont pas pour autant des êtres entiers, capables de s'auto satisfaire sexuellement. Elles ont comme les autres humains besoin d'une moitié avec laquelle elles peuvent partager leur sexualité. Mais à cause de leur nature exceptionnelle, elles sont mal acceptées par les uns et choyées par d'autres. Généralement, elles rencontrent beaucoup de préjugés.

Cette attitude hostile à leur égard provoque en elles de l'anxiété et les pousses parfois au suicide. Certaines par contre s'en accommodent et préfèrent vivre leur sexualité dans l'anonymat et dans la clandestinité; tout simplement parce qu'elles ne peuvent pas s'afficher publiquement avec un homme ou une femme, de peur de se faire passer pour des homosexuelles.

Ainsi, elles ont du mal à mener une vie normale et sont souvent exposées à l'opprobre, aux outrages et aux railleries de tout genre, comme si elles s'étaient façonnées elles-mêmes dans le sein maternel.

Les pouvoirs publics doivent examiner ce cas de figure et voter des lois d'exceptions pour protéger ces êtres vulnérables; morale sociale oblige.

Alors, si vous êtes hermaphrodite ou ladies boy, ne vous traumatisez pas, ne faites pas un procès à Dieu et ne le maudissez pas, car la sagesse et la science de Dieu sont profondes, ses jugements sont insondables et ses voies incompréhensibles.

C'est de lui, par lui, et pour lui que sont toutes choses. A lui soit la gloire dans tous les siècles! Amen!

N'étant donc pas responsables de votre état physique, glorifiez Dieu pour votre corps, et dites: *c'est toi qui as formé mes reins, qui m'as tissé dans le sein de ma mère. Je te loue de ce que je suis une créature si merveilleuse.*

Tes œuvres sont admirables, et mon âme le reconnaît bien.

Mon corps n'était point caché devant toi, lorsque j'ai été fait dans un lieu secret, tissé dans les profondeurs de la terre.

Quand je n'étais qu'une masse informe, tes yeux me voyaient; et sur ton livre étaient tous inscrits les jours qui m'étaient destinés, avant qu'aucun d'eux n'existât.

Que tes pensées, ô Dieu, me semblent impénétrables! Que le nombre en est grand!

Si je les compte, elles sont plus nombreuses que les grains de sable. Je m'éveille, et je suis encore avec toi.

O Dieu, puisses-tu faire mourir le méchant! Hommes de sang, éloignez-vous de moi! Ils parlent de toi d'une manière criminelle, ils prennent ton nom pour mentir, eux, tes ennemis! Éternel, n'aurais-je pas de la haine pour ceux qui te haïssent, du dégoût pour ceux qui s'élèvent contre toi?

Je les hais d'une parfaite haine; ils sont pour moi des ennemis. Sonde-moi, ô Dieu, et connais mon cœur! Éprouve-moi, et connais mes pensées! Regarde si je suis sur une mauvaise voie, et conduis-moi sur la voie de l'éternité! Psaumes 139 : 13-24.

Ne vous préoccupez plus de ceux qui vous jugent comme s'ils pouvaient créer un être humain. Sachez qu'il y a des gens quelque part qui ont besoin de vous. Seulement, réglez votre sexualité selon les voies tracées par le Créateur.

CHAPITRE II

LES CODES ET LES CLAUSES DU MARIAGE

Le code du mariage est l'ensemble des lois qui réglementent la sexualité entres les humains.

En tant que Créateur, Dieu connaît le degré de parenté qui n'autorise pas les rapports sexuels entre les individus, et qui ne peut les porter à envisager un mariage. Pour les épargner des rapports incestueux et abominables, il a institué le code d'union suivant:

1- LE CODE DU MARIAGE

Je suis l'Éternel, votre Dieu. Vous ne ferez point ce qui se fait dans le pays d'Égypte où vous avez habité, et vous ne ferez point ce qui se fait dans le pays de Canaan où je vous mène: vous ne suivrez point leurs usages. Vous pratiquerez mes ordonnances, et vous observerez mes lois: vous les suivrez. Je suis l'Éternel, votre Dieu. Vous observerez mes lois et mes ordonnances: l'homme qui les mettra en pratique vivra par elles. Je suis l'Éternel.

-Nul de vous ne s'approchera de sa parente, pour découvrir sa nudité. Je suis l'Éternel.

-Tu ne découvriras point la nudité de ton père, ni la nudité de ta mère. C'est ta mère: tu ne découvriras point sa nudité.

-Tu ne découvriras point la nudité de la femme de ton père. C'est la nudité de ton père.

-Tu ne découvriras point la nudité de ta sœur, fille de ton père ou fille de ta mère, née dans la maison ou née hors de la maison.

-Tu ne découvriras point la nudité de la fille de ton fils ou de la fille de ta fille. Car c'est ta nudité.

-Tu ne découvriras point la nudité de la fille de la femme de ton père, née de ton père. C'est ta sœur.

-Tu ne découvriras point la nudité de la sœur de ton père. C'est la proche parente de ton père.

-Tu ne découvriras point la nudité de la sœur de ta mère. Car c'est la proche parente de ta mère.

-Tu ne découvriras point la nudité du frère de ton père. Tu ne t'approcheras point de sa femme. C'est ta tante.

-Tu ne découvriras point la nudité de ta belle-fille. C'est la femme de ton fils: tu ne découvriras point sa nudité.

-Tu ne découvriras point la nudité de la femme de ton frère. C'est la nudité de ton frère.

-Tu ne découvriras point la nudité d'une femme et de sa fille. Tu ne prendras point la fille de son fils, ni la fille de sa fille, pour découvrir leur nudité. Ce sont tes proches parentes: c'est un crime.

-Tu ne prendras point la sœur de ta femme, pour exciter une rivalité, en découvrant sa nudité à côté de ta femme pendant sa vie.

-Tu ne t'approcheras point d'une femme pendant son impureté menstruelle, pour découvrir sa nudité.

-Tu n'auras point commerce avec la femme de ton prochain, pour te souiller avec elle.

-Tu ne livreras aucun de tes enfants pour le faire passer à Moloc (à la prostitution), et tu ne profaneras point le nom de ton Dieu. Je suis l'Éternel.

-Tu ne coucheras point avec un homme comme on couche avec une femme. C'est une abomination.

-Tu ne coucheras point avec une bête, pour te souiller avec elle. La femme ne s'approchera point d'une bête, pour se prostituer à elle. C'est une confusion.

Ne vous souillez par aucune de ces choses, car c'est par toutes ces choses que se sont souillées les nations que je vais chasser devant vous.

Le pays en a été souillé; je punirai son iniquité, et le pays vomira ses habitants.

Vous observerez donc mes lois et mes ordonnances, et vous ne commettrez aucune de ces abominations, ni l'indigène, ni l'étranger qui séjourne au milieu de vous.

Car ce sont là toutes les abominations qu'ont commises les hommes du pays, qui y ont été avant vous; et le pays en a été souillé.

Prenez garde que le pays ne vous vomisse, si vous le souillez, comme il aura vomi les nations qui y étaient avant vous. Car tous ceux qui commettront quelqu'une de ces abominations seront retranchés du milieu de leur peuple. Vous observerez mes commandements, et vous ne pratiquerez aucun des usages abominables qui se pratiquaient avant vous, vous ne vous en souillerez pas. Je suis l'Éternel, votre Dieu. Lévitique 18 : 2-30.

2- LES CLAUSES DU MARIAGE

Les clauses du mariage sont des peines encourues en cas de violation du code de mariage. Car ainsi parle le Seigneur: *je suis l'Éternel, qui vous sanctifie.*

-Si un homme commet un adultère avec une femme mariée, s'il commet un adultère avec la femme de son prochain, l'homme et la femme adultères seront punis de mort.

-Si un homme couche avec la femme de son père, et découvre ainsi la nudité de son père, cet homme et cette femme seront punis de mort: leur sang retombera sur eux.

-Si un homme couche avec sa belle-fille, ils seront tous deux punis de mort; ils ont fait une confusion: leur sang retombera sur eux.

-Si un homme couche avec un homme comme on couche avec une femme, ils ont fait tous deux une chose

abominable; ils seront punis de mort: leur sang retombera sur eux.

-Si un homme prend pour femmes la fille et la mère, c'est un crime: on les brûlera au feu, lui et elles, afin que ce crime n'existe pas au milieu de vous.

-Si un homme couche avec une bête, il sera puni de mort; et vous tuerez la bête.

-Si une femme s'approche d'une bête, pour se prostituer à elle, tu tueras la femme et la bête; elles seront mises à mort: leur sang retombera sur elles.

-Si un homme prend sa sœur, fille de son père ou fille de sa mère, s'il voit sa nudité et qu'elle voie la sienne, c'est une infamie; ils seront retranchés sous les yeux des enfants de leur peuple: il a découvert la nudité de sa sœur, il portera la peine de son péché.

-Si un homme couche avec une femme qui a son indisposition, et découvre sa nudité, s'il découvre son flux, et qu'elle découvre le flux de son sang, ils seront tous deux retranchés du milieu de leur peuple.

-Si un homme couche avec sa tante, il a découvert la nudité de son oncle; ils porteront la peine de leur péché, ils mourront sans enfant.

-Si un homme prend la femme de son frère, c'est une impureté; il a découvert la nudité de son frère: ils seront sans enfant. Lévitique 20 : 10-21.

-Si un homme séduit une vierge qui n'est point fiancée, et qu'il couche avec elle, il paiera sa dot et la prendra pour femme.

Si le père refuse de la lui accorder, il paiera en argent la valeur de la dot des vierges. Exode 22 : 16-17.

-Si une jeune fille vierge est fiancée, et qu'un homme la rencontre dans la ville et couche avec elle, vous les amènerez tous deux à la porte de la ville, vous les lapiderez, et ils mourront, la jeune fille pour n'avoir pas crié dans la ville, et l'homme pour avoir déshonoré la femme de son prochain. Tu ôteras ainsi le mal du milieu de toi.

Mais si c'est dans les champs que cet homme rencontre la jeune femme fiancée, lui fait violence et couche avec elle, l'homme qui aura couché avec elle sera seul puni de mort.

Tu ne feras rien à la jeune fille; elle n'est pas coupable d'un crime digne de mort, car il en est de ce cas comme de celui où un homme se jette sur son prochain et lui ôte la vie.

La jeune fille fiancée, que cet homme a rencontrée dans les champs, a pu crier sans qu'il y ait eu personne pour la secourir.

Si un homme rencontre une jeune fille vierge non fiancée, lui fait violence et couche avec elle, et qu'on vienne à les surprendre, l'homme qui aura couché avec elle donnera au père de la jeune fille cinquante sicles d'argent; et, parce qu'il l'a déshonorée, il la prendra pour femme, et il ne pourra pas la renvoyer, tant qu'il vivra. Deutéronome 22 : 23-29.

C'est jusque-là que l'Éternel Dieu a limité le lien biologique qui interdit ou autorise le mariage et les rapports sexuels. Si donc vous avez outrepassé ce code, ne paniquez pas! Faites alliance avec Jésus-Christ, afin que votre malédiction soit conjurée. Car il est venu sauver les perdus.

Mais certains peuples, selon leurs traditions ont empiétés ce code de mariage divin pour instituer le leur, rendant ainsi la vie difficile à leurs congénères. Il en est de même de ceux qui se réclament de Christ. C'est pourquoi le Seigneur a dit: *hypocrites, Ésaïe a bien prophétisé sur vous, ainsi qu'il est écrit: ce peuple m'honore des lèvres, mais son cœur est éloigné de moi.*

C'est en vain qu'ils m'honorent, en donnant des préceptes qui sont des commandements d'hommes. Vous abandonnez le commandement de Dieu, et vous observez la tradition des hommes. Il leur dit encore: vous anéantissez fort bien le commandement de Dieu, pour garder votre tradition. Marc 7 : 7-9.

Or l'homme ou la femme qui se sépare de son peuple pour s'attacher à l'Éternel est sensé suivre les voies de son Dieu sans plus suivre les traditions de ses ancêtres. Il peut s'il le trouve bon se marier avec sa cousine ou son cousin; fille ou fils de son oncle ou tante paternel et maternelle sans que cela ne pose problème, si et seulement si les deux familles sont dans la même longueur d'onde spirituelle.

Ce genre de mariage est sous le regard bienveillant de l'Éternel et de la bannière familiale. Et c'est là que Dieu envoie de grandes bénédictions. Les enfants d'Israël, peuple de Dieu dont nous suivons les traces faisaient cela. Mais le fait de se détourner des voies de l'Éternel pour suivre nos propres voies, nous entraîne vers des familles maudites à l'exemple de Juda. (Genèse 38 : 1-11).

Ces choses ont été écrites pour nous servir d'exemple. De toutes les façons: *toute Écriture est inspirée de Dieu, et utile pour enseigner, pour convaincre, pour corriger, pour instruire dans la justice, afin que l'homme de Dieu soit accompli et propre à toute bonne œuvre.* 2 Timothée 3 : 16-17.

CHAPITRE III

LE CHOIX D'UN CONJOINT

Les relations sexuelles avant et hors mariage n'étant pas autorisées par Dieu, il est conseillé à chaque jeune de conserver sa virginité pour l'homme ou la femme de sa vie, c'est-à-dire sa ou ses moitiés qui lui sont inconnues. Très peu y parviennent.

Lorsque la puberté s'empare d'une âme vierge, et que son corps fait le trop-plein d'hormones, la tribulation envahit tout son corps, et le mauvais esprit entre aussitôt en action et le pousse à des actes sexuels déviants, comme ce fut le cas avec Ève. (Genèse 3 : 1-6).

Car c'est pour lui le moment idoine de corrompre les nouveaux adultes, afin de voler tout ce qu'ils ont de précieux. Ainsi, il les assujetti et se rend maître de leur libido.

D'une manière générale, le comportement de tout être humain prend son essor dès son bas âge. Ceci est dû à son environnement et à ses fréquentations qui ne lui laissent pas le libre choix de décider de son sort. Pour tout dire, les enfants et aussi les adultes aiment copier en bien ou en mal ce qu'ils voient; entendent ou découvrent chez les autres avec bien sûr l'influence discrète du monde spirituel positif ou négatif qui exerce sur eux une forte pression afin de les conduire à l'action, qui à la longue peut s'avérer néfaste ou bénéfique pour eux et pour les autres. C'est l'initiation circonstancielle à la vie qui impactera toute leur existence. Il en est de même avec sa sexualité. Ainsi, l'environnement pousse l'individu à faire un choix plus ou moins désirable de sa vie; ce choix produit l'action, et l'action à son tour conduit au résultat; après quoi vient le regret. Ceci est un circuit infernal auquel nul n'échappe.

Il incombe donc aux parents de mieux encadrer leur progéniture dans cette période troublante de la vie, par de bons conseils, et par une éducation sexuelle digne, plutôt que de leur interdire tout contact avec les jeunes de sexe opposé de leur âge. Ils peuvent de façon préventive mettre leurs filles sous pilules contraceptive. Car plus on prive l'usage du sexe aux enfants pubertaires, plus on éveille leur curiosité, et plus on les pousse inconsciemment à l'action. Cela est sans doute dans le sang des humains, fussent-ils encore des adolescents. Par le canal d'internet, les gens se détruisent en regardant la pornographie, et virent sans résistance dans l'homosexualité, la zoophilie et autres pratiques abominables; les plus faibles se laissent séduire par l'inceste et la masturbation. S'ils prennent goût à ces pratiques sataniques, il sera difficile de les ramener à la raison.

Vous donc jeunes adolescents, qui traversez la puberté, soyez vigilants; au lieu de vous livrer à la fornication et autres désirs vicieux pour assouvir votre intense besoin du sexe, faites preuve de sagesse et demandez à Dieu dans la prière et le jeûne de vous permettre de rencontrer votre âme sœur que vous présenterez sans tarder à vos géniteurs. Les familles des deux protagonistes se réuniront pour mettre ces jeunes sous serment avec imprécations pour empêcher la perfidie entre eux; et Dieu, qui connaît les faiblesses de la chair ne prolongera point votre attente, parce que vous aurez placé en lui votre confiance. Car il donne à celui qui demande, ouvre à celui qui frappe et fait trouver grâce à celui qui cherche. Il ne permettra point que son enfant qui est soucieux de suivre ses voies tombe dans le péché.

Mais si vous vous lancez de vous-mêmes à la recherche de votre partenaire en comptant sur votre beauté, votre charme, votre élégance, vos diplômes ou votre privilège social, vous irez d'échec en échec et de déception en déception. Car Dieu mettra sur votre chemin des prédateurs et des délinquants sexuels qui se délecteront de vous avant de vous abandonner à votre triste sort. Sachez donc que pour avoir avec soi son conjoint, on le commande auprès du Créateur qui tient en secret ces choses dans ses trésors. Pendant que vous l'attendrez, demeurez chastes, afin que Dieu vous exauce avec promptitude. Sinon, vous le prierez en vain.

Si avant ou après votre mariage, vous vous profanez et déshonorez les moitiés d'autrui, la même chose vous sera faite au cours de votre existence (II Samuel 12 : 1-12). Car Dieu est Maître du temps et des circonstances, et il est de sa justice de rendre l'affliction à ceux qui affligent. Gardez-vous donc de faire aux autres ce que vous n'aimeriez pas qu'on vous fasse.

L'homme ou la femme, qui cherche son conjoint interagira avec Dieu. Il se montrera actif et non timide, il choisira au fond de son cœur un signe indicatif qui lui fera sans fausse note découvrir la perle rare qu'il désire. Il ne se laissera point influencer par les apparences, seul son signe secret lui servira de guide à l'exemple du serviteur d'Abraham, qui sur ordre de son maître (Genèse 24 : 1-8), prit dix chameaux parmi les chameaux de son seigneur, et il partit, ayant à sa disposition tous les biens de son seigneur. Il se leva, et alla en Mésopotamie, à la ville de Nachor avec pour mission d'emmener une femme à Isaac.

Il fit reposer les chameaux sur leurs genoux hors de la ville, près d'un puits, au temps du soir, au temps où

sortent celles qui vont puiser de l'eau. Et il dit: Éternel, Dieu de mon seigneur Abraham, fais-moi, je te prie, rencontrer aujourd'hui ce que je désire, et use de bonté envers mon seigneur Abraham!

Voici, je me tiens près de la source d'eau, et les filles des gens de la ville vont sortir pour puiser l'eau. Que la jeune fille à laquelle je dirai: penche ta cruche, je te prie, pour que je boive, et qui répondra: bois, et je donnerai aussi à boire à tes chameaux, soit celle que tu as destinée à ton serviteur Isaac! Et par là je connaîtrai que tu uses de bonté envers mon seigneur.

Il n'avait pas encore fini de parler que sortit, sa cruche sur l'épaule, Rebecca, née de Bethuel, fils de Milca, femme de Nachor, frère d'Abraham. C'était une jeune fille très belle de figure; elle était vierge, et aucun homme ne l'avait connue. Elle descendit à la source, remplit sa cruche, et remonta.

Le serviteur courut au-devant d'elle, et dit: laisse-moi boire, je te prie, un peu d'eau de ta cruche. Elle répondit: bois, mon seigneur. Et elle s'empressa d'abaisser sa cruche sur sa main, et de lui donner à boire. Quand elle eut achevé de lui donner à boire, elle dit: je puiserai aussi pour tes chameaux, jusqu'à ce qu'ils aient assez bu.

Et elle s'empressa de vider sa cruche dans l'abreuvoir, et courut encore au puits pour puiser; et elle puisa pour tous les chameaux. L'homme la regardait avec étonnement et sans rien dire, pour voir si l'Éternel faisait réussir son voyage, ou non.

Quand les chameaux eurent fini de boire, l'homme prit un anneau d'or, du poids d'un demi-sicle, et deux bracelets, du poids de dix sicles d'or. Et il dit: de qui es-tu fille? Dis-le-moi, je te prie. Y a-t-il dans la maison de ton père de la place pour passer la nuit?

Elle répondit: je suis fille de Bethuel, fils de Milca et de Nachor. Elle lui dit encore: il y a chez nous de la paille et du fourrage en abondance, et aussi de la place pour passer la nuit.

Alors l'homme s'inclina et se prosterna devant l'Éternel, en disant: béni soit l'Éternel, le Dieu de mon seigneur Abraham, qui n'a pas renoncé à sa miséricorde et à sa fidélité envers mon seigneur! Moi-même, l'Éternel m'a conduit à la maison des frères de mon seigneur. Genèse 24 : 10-27.

Si son signe s'accomplit aussi avec exactitude, il ou elle a trouvé la personne voulue par Dieu. Ses parents pourront alors remplir pour lui les formalités liées au mariage avant de consommer son union. S'ils sont encore mineurs, ils pourront se fiancer et attendre l'âge mature pour se marier.

Ce qu'il faut retenir dans Genèse 24 est qu'Abraham avait fait confiance à son Dieu. Son serviteur avait marché par la foi; il ne s'était pas directement présenté dans la famille de son maître, ni se renseigné sur ses frères pour leur exprimer l'intention de son seigneur; mais il avait sollicité l'orientation divine et s'était tenu en embuscade à l'écart dans la ville, guettant la moindre occasion pour sauter dessus. Alors, Dieu, qui est toujours fidèle envers ceux qui se confient en lui, ne tarda pas à lui manifester sa bonté. Le serviteur le reconnut et exprima sa gratitude à l'Éternel.

Ce n'est ni les richesses d'Isaac ni son élégance, qui ont été mises à contribution pour lui trouver son âme sœur; c'est Dieu. Et Rebecca de son côté n'avait pas usé de sa beauté, elle n'avait pas fait le m'as-tu vu, ni l'appel à candidature pour séduire Isaac. D'ailleurs ils ne se connaissaient même pas, bien qu'ils fussent cousin et cousine. Seule la volonté de Dieu avait prévalue dans cette affaire.

Pour vous trouver un conjoint, Dieu peut vous conduire au milieu de ses fidèles; dans la famille de votre père ou mère, comme il le fit pour Isaac et Jacob (Genèse 24; 29); chez les incirconcis (Juges 14 : 1-4; Esther 2 : 1-18); dans la plupart des cas, il laisse le libre choix, mais il vous le fait savoir au travers de la consultation de sa parole (Deutéronome 20 : 13-15; 21 : 10-14; Juges 21 : 15-25).

Le hasard aussi peut vous guider vers votre moitié, mais ayez toujours recours à un signe pour ne pas vous tromper. Ne pratiquez point des enchantements pour captiver ceux que vous convoitez, invoquez plutôt l'esprit d'amour suprême de l'Éternel qui vous aidera dans votre démarche au nom de Jésus-Christ, et ouvrez votre bouche pour déclarer vos sentiments; peu importe que vous soyez homme ou femme, il n'y a pas de honte à cela. Car il est écrit: ***jusques à quand seras-tu errante, fille égarée? Car l'Éternel crée une chose nouvelle sur la terre: la femme recherchera l'homme.*** Jérémie 31 : 22.

Thamar l'a fait avec Juda (Genèse 38 : 12-30); Ruth avec Boaz (Ruth 3 : 7-11); Abigaïl n'était pas passée par quatre chemins pour déclarer sa flamme à David, en disant: ***lorsque l'Éternel aura fait du bien à mon seigneur, souviens-toi de ta servante.*** 1 Samuel 25 : 31. Et David n'avait pas laissé passer cette occasion en or. (1 Samuel 25 : 39-42).

Comprenez donc que cela est agréable à Dieu, puisque les trois couples que je viens de citer font partie de la généalogie de Jésus-Christ. Tant pis donc à celles qui refusent de franchir cette barrière psychologique.

Dès que vous rencontrerez votre âme sœur, recevez-la avec diligence, qu'elle soit vieille ou jeune, riche ou pauvre, belle ou laide, blanche, noire ou jaune. C'est votre côte qui vous manquait, aimez-la comme vous-mêmes et annoncez cette bonne nouvelle à vos parents (Genèse 24 : 28).

Le choix du conjoint fait par Dieu pour son enfant qui s'est confié à lui ne doit point être contesté ni par les parents de la femme ni par ceux de l'homme, encore moins par les concernés. Si un homme ou une femme laisse échapper sa moitié d'origine, tout mariage qu'il ou qu'elle contractera avec des étrangers (es) se soldera par des divorces. Car les moitiés de l'homme et de la femme sont comme une bouteille cassée en deux ou en plusieurs morceaux en faisant des zigzags, que Dieu seul peut rassembler les particules.

Lorsqu'il les rassemble, il y a concordance. Mais si on prend des pièces différentes pour les joindre et pour les recoller, il y aura incompatibilité entre elles. Il en est de même du mariage.

Que le rôle des parents se limite à élever leurs progénitures dans le Seigneur et laissent le Créateur décider du destin de chacun. Car beaucoup sont responsables des échecs sentimentaux de leurs enfants.

C'est pourquoi, ne courrez pas le risque d'obscurcir les desseins de Dieu, en n'empêchant vos filles et fils de se marier avec leurs moitiés, sous prétexte qu'ils ne satisfont pas vos attentes. Ne vous faites pas non plus passer pour des tyrans et dictateurs. Rappelez-vous de votre adolescence, et sachez que le désir sexuel est un besoin naturel pour tous les êtres vivants. En privé quelqu'un (e) de l'assouvir à temps opportun; c'est mettre sur lui un joug insupportable; c'est le pousser à la prostitution, car le cumul de sang dans l'organisme met sous pression et provoque un cru du flux qui ne demande qu'à être évacué en permanence, afin d'éviter l'explosion. Raison pour laquelle il est écrit: ***pour éviter l'impudicité, que chacun ait sa femme, et que chaque femme ait son mari.*** 1 corinthiens 7 : 2.

CHAPITRE IV

LES FIANÇAILLES

La retrouvaille des conjoints donne automatiquement lieu aux fiançailles, qui sont d'une part une cérémonie visant à sceller une promesse mutuelle de mariage entre un garçon et une fille, et d'autre part le temps qui s'écoule entre cette cérémonie et le mariage, ou le couple se pose des préalables leur permettant de vivre ensemble, car deux personnes ne peuvent cheminer ensemble sans en être convenus. Par les fiançailles, le couple apprend à se connaître, à s'aimer, et à se familiariser. Un avant-goût du mariage en quelque sorte.

Elles concernent surtout les garçons et les filles qui cherchent encore à assurer leur avenir par les études, une formation ou un emploi. Les fiançailles se passent logiquement dans la chasteté, quelle que soit leur durée (Genèse 29 : 18-21).

Mais à cause de la sensiblerie de certains, les rapports sexuels peuvent être anticipés avec ou sans l'accord des parents. Les hommes et les femmes matures ne sont pas trop visés par les fiançailles, parce qu'ils n'ont rien à attendre qui puisse les empêcher de négocier leur mariage et de le consommer.

Mais tant que vous ne trouverez pas votre amour, ne vous profanez pas par le vagabondage sexuel, car il est écrit: *ne savez-vous pas que vos corps sont des membres de Christ? Prendrai-je donc les membres de Christ, pour en faire les membres d'une prostituée?*

Loin de là! Ne savez-vous pas que celui qui s'attache à la prostituée est un seul corps avec elle? Car, est-il dit, les deux deviendront une seule chair. Mais celui qui s'attache au Seigneur est avec lui un seul esprit.

Fuyez l'impudicité. Quelque autre péché qu'un homme commette, ce péché est hors du corps; mais celui qui se livre à l'impudicité pèche contre son propre corps.

Ne savez-vous pas que votre corps est le temple du Saint Esprit qui est en vous, que vous avez reçu de Dieu, et que vous ne vous appartenez point à vous-mêmes?

Car vous avez été rachetés à un grand prix. Glorifiez donc Dieu dans votre corps et dans votre esprit, qui appartiennent à Dieu. 1 corinthiens 6 : 15-20.

CHAPITRE V

LE MARIAGE

Le mariage est divisé en deux groupes : *le bon mariage et le mauvais mariage.*

A- LE BON MARIAGE

Le bon mariage est selon le dessein de Dieu et se célèbre en trois étapes: le mariage dans le Seigneur; le mariage en famille et le mariage à l'état civil. Il y a d'autres qui lui sont associés: le mariage entre le beau-frère et la belle-sœur, le mariage des héritières, le mariage monogamique et le mariage polygamique.

a- Le mariage dans le Seigneur

La célébration du mariage dans le Seigneur est une confession mutuelle d'amour avec serment et imprécations au nom de l'Éternel (Jésus-Christ) entre l'homme et la femme qui sont en instance d'union.

Cette alliance de mariage se conclut exclusivement dans le jeûne en présence de l'Éternel, et n'exige pas obligatoirement la médiation d'un serviteur de Dieu. Mais si les deux prétendants sont encore très jeunes, la supervision des membres respectifs de leurs deux familles sera primordiale.

Car Dieu est le seul et unique témoin entre l'homme et la femme de sa jeunesse, sa compagne et la femme de son alliance. (Malachie 2 : 14).

La tendance qui exige que le mariage dans le Seigneur soit célébré dans l'Église ou par un homme de Dieu n'est que pure tradition des hommes.

Considérez que depuis le mariage d'Adam et Ève et les autres mariages cités dans la Bible, il n'y a pas un seul, qui avait été présidé par un serviteur de Dieu. Vous pouvez le vérifier dans les Saintes Écritures. Même Jésus-Christ, Dieu fait homme ne l'a pas fait, à cause de sa condition d'homme; et après lui, aucun de ses disciples n'a osé une telle chose. Y a-t-il donc de nos jours de supers prophètes ou bien?

Le rôle d'un prêtre ou d'un pasteur se limitera à rendre témoignage à la parole de Dieu et non à unir les couples pour se faire de l'argent. Il peut assister aux noces en tant qu'invité à l'instar de Jésus, mais pas comme officiant. (Jean 2 :1-2).

Laissez donc à Dieu ce qui appartient à Dieu. Mais toi, homme, qui es-tu pour contester avec Dieu? Est-ce de chez vous seuls que la parole de Dieu est sortie? Ou est-ce à vous seuls qu'elle est parvenue?

Si quelqu'un croit être prophète ou inspiré, qu'il reconnaisse que ce que je vous écris est une vérité cachée qui est maintenant révélée par le Saint-Esprit. Et si quelqu'un l'ignore, qu'il l'ignore.

Le mariage dans le Seigneur n'exige pas non plus un habillement particulier de la part des mariés ni forcément un festin extravagant ni une quelconque bague; mais un ferme engagement solennel qu'on prend en présence du Seigneur pour se lier à telle ou tel. C'est cela l'alliance de mariage.

La bague symbolisant l'alliance de mariage n'est que pure invention de l'homme pour faire avancer l'industrie, et c'est charnel en plus. Alors que l'alliance de mariage qui se scelle en parole au nom de Jésus-Christ, est spirituelle et sanctionne directement les infidèles.

Si le serviteur d'Abraham avait offert un anneau et un bracelet en or à Rebecca, c'était en guise de cadeau et non pour sceller le mariage.

Ces choses sont des ornements, et rien de plus. D'ailleurs, si le lien du mariage ne dépendait que de l'anneau, une fois qu'il se perd ou qu'on s'en débarrasse pour un temps, le mariage aussi devrait subir le même sort. Sachez donc que la parole est éternelle et le métal temporel.

Le jour de cette cérémonie sera arrêté d'un commun accord entre les conjoints s'ils sont adultes, ou par des parents, si les mariés sont encore trop jeunes. Ils jeûneront et se tiendront en présence de Dieu à la date fixée. L'homme et la femme auront chacun avec soi une copie des conditions de son conjoint pour vérifier que rien ne sera oublié lors de la confession solennel d'amour.

S'ils sont enfants de Dieu, la cérémonie débutera par une prière d'actions de grâces, suivie par de cantiques spirituels, et la danse, pourquoi pas; après quoi viendra le moment mémorable de confession mutuelle d'amour.

L'homme prendra le premier la parole, la main droite levée vers le ciel et prononcera à voix haute ce qui suit:

CONFESSION SOLENNELLE D'AMOUR DE L'HOMME A LA FEMME

Éternel, Dieu tout-puissant, tu as dit: il n'est pas bon que l'homme soit seul; je lui ferai une aide semblable à lui. Alors tu fis tomber un profond sommeil sur l'homme qui s'endormit; tu pris l'une de ses côtes et tu refermas la chair à sa place. Tu formas une femme avec la côte que tu avais prise de l'homme et tu l'amenas vers lui, tu dis: l'homme quittera son père et sa mère et s'attachera à sa femme et les deux deviendront une seule chair. Tu m'as accordé la grâce de retrouver celle qui est os de mes os et chair de ma chair. Nous voici en ce jour devant ta sainte présence; fais de nous par ta puissance un seul corps, une seule âme et un seul esprit. Unis-nous comme au jour de notre création.

Permets-nous d'être féconds, que nous multiplions, que nous remplissions la terre, que nous l'assujettissions et la dominions.

Mets ton esprit d'amour au milieu de nous, afin qu'en tout temps, nous soyons sans lassitude amoureux l'un de l'autre et que nous puissions nous supporter dans les bons et les mauvais moments.

Accorde-nous la prospérité, de peur que la pauvreté ne vienne déstabiliser notre union. Prends toujours la première et la dernière place au milieu de nous et protège chacun de nous contre les tentations et les ruses du diable.

Bénis notre couple en toute chose dont nous aurons besoin et préserve-nous des souillures et des déviances.

Maintenant, je m'engage solennellement devant Dieu et devant les témoins ici réunis que je prends pour épouse la nommée X sous le régime (monogamique ou polygamique, selon notre convention), et j'accepte toutes les conditions qu'elle m'a posées, afin que notre mariage soit une réussite, à savoir: (lire l'intégralité des conditions).

Je jure au nom de Jésus-Christ que j'observerai fidèlement ces choses. Si je viole volontairement et sans sa permission cette alliance d'amour que je conclus en ce jour avec elle, en pratiquant les actes d'infidélité et de méchanceté envers sa personne, que l'Éternel, qui est aujourd'hui le témoin fidèle de notre pacte, me retranche de la terre de vivants.

Je scelle cette alliance de mariage par le sang et par le nom de notre Seigneur Jésus-Christ. Amen!

La femme prendra en dernier la parole, la main droite levée vers le ciel et prononcera à voix haute ce qui suit:

CONFESSION SOLENNELLE D'AMOUR DE LA FEMME A L'HOMME

Éternel, Dieu tout-puissant, tu as créé la femme à partir de la côte que tu as prise de l'homme, et tu as dit: les deux deviennent une seule chair. Tu m'as accordé le privilège de retrouver celui de qui j'ai été tirée. Nous voici en ce jour devant ta sainte présence. Joins-nous pour la vie, comme au temps de notre formation.

Permets-nous d'être féconds, que nous multiplions, que nous remplissions la terre, que nous l'assujettissions et la dominions.

Mets ton esprit d'amour au milieu de nous, afin qu'en tout temps, nous soyons sans lassitude amoureux l'un de l'autre et que nous puissions nous supporter dans les bons et les mauvais moments.

Accorde-nous la prospérité, de peur que la pauvreté ne vienne déstabiliser notre union. Prends toujours la première et la dernière place au milieu de nous et protège chacun de nous contre les tentations et les ruses du diable.

Bénis notre couple en toute chose dont nous aurons besoin et préserve-nous des souillures et des déviances.

Maintenant, je m'engage solennellement devant Dieu et devant les témoins ici réunis que je prends pour époux le nommé X sous le régime (monogamique ou polygamique, selon notre convention), et j'accepte toutes les conditions qu'il m'a posées, afin que notre mariage soit une réussite, à savoir: (lire l'intégralité les conditions).

Je jure au nom de Jésus-Christ que j'observerai fidèlement ces choses. Si je viole volontairement et sans sa permission cette alliance d'amour que je conclus en ce jour avec lui, en pratiquant les actes d'infidélité et de méchanceté envers sa personne, que l'Éternel, qui est aujourd'hui le témoin fidèle de notre pacte, me retranche de la terre de vivants.

Je scelle cette alliance de mariage par le sang et par le nom de notre Seigneur Jésus-Christ. Amen!

Après la confession de la femme, les conjoints s'embrasseront et Jésus-Christ scellera spirituellement leur union.

Mais si avant la confession mutuelle d'amour, un conjoint dissimule une information de nature à porter atteinte aux sentiments ou à la santé de l'autre, celui-ci pourra lorsqu'il aura connaissance de cette vérité remettre en cause ce mariage sans qu'il ne se rende coupable devant Dieu et devant les hommes. Car il est écrit: ***lorsqu'un homme aura pris et épousé une femme qui viendrait à ne pas trouver grâce à ses yeux, parce qu'il a découvert en elle quelque chose de honteux, il écrira pour elle une lettre de divorce, et, après la lui avoir remise en main, il la renverra de sa maison.***

Elle sortira de chez lui, s'en ira, et pourra devenir la femme d'un autre homme. Si ce dernier homme la prend

en aversion, écrit pour elle une lettre de divorce, et, après la lui avoir remise en main, la renvoie de sa maison; ou bien, si ce dernier homme qui l'a prise pour femme vient à mourir, alors le premier mari qui l'avait renvoyée ne pourra pas la reprendre pour femme après qu'elle a été souillée, car c'est une abomination devant l'Éternel, et tu ne chargeras point de péché le pays que l'Éternel, ton Dieu, te donne pour héritage. Deutéronome 24 : 1-4.

Mais si c'est par pure méchanceté qu'un homme, qui a pris une femme et est allé vers elle, éprouve ensuite de l'aversion pour sa personne, s'il lui impute des choses criminelles et porte atteinte à sa réputation, en disant: *j'ai pris cette femme, je me suis approché d'elle, et je ne l'ai pas trouvée vierge, alors le père et la mère de la jeune femme prendront les signes de sa virginité et les produiront devant les anciens de la ville, à la porte.*

Le père de la jeune femme dira aux anciens: *j'ai donné ma fille pour femme à cet homme, et il l'a prise en aversion; il lui impute des choses criminelles, en disant: je n'ai pas trouvé ta fille vierge. Or voici les signes de virginité de ma fille. Et ils déploieront son vêtement devant les anciens de la ville.*

Les anciens de la ville saisiront alors cet homme et le châtieront; et, parce qu'il a porté atteinte à la réputation d'une vierge d'Israël, ils le condamneront à une amende de cent sicles d'argent, qu'ils donneront au père de la jeune femme. Elle restera sa femme, et il ne pourra pas la renvoyer, tant qu'il vivra. Deutéronome 22 : 13-19.

Le mariage dans le Seigneur est sacré. Celui qui sait d'avance qu'il est de nature infidèle ne doit point prendre le risque d'un tel engagement. Car c'est un piège pour l'homme que de prendre à la légère un engagement sacré, et de ne réfléchir qu'après avoir fait un vœu. Proverbes 20 : 25.

Cette alliance de mariage est strictement réservée aux disciples de Jésus-Christ, qui veulent faire la volonté de Dieu sur la terre comme elle se fait dans le royaume des cieux. Elle regarde aussi les anciens couples d'enfants de Dieu qui connaissent quelques soubresauts; car elle empêche l'infidélité conjugale et les divorces prémédités.

Que personne, après avoir entendu les paroles de cette alliance (de mariage) contractée avec serment, ne se glorifie dans son cœur et ne dise: *j'aurai la paix, quand même je suivrai les penchants de mon cœur, et que j'ajouterai la convoitise à la soif du sexe.*

L'Éternel ne voudra point lui pardonner. Mais alors la colère et la jalousie de l'Éternel s'enflammeront contre cet homme, toutes les malédictions écrites dans (les clauses du mariage) reposeront sur lui, et l'Éternel effacera son nom de dessous les cieux. Deutéronome 29 : 19-20.

b- Le mariage en famille

Le mariage en famille est une cérémonie traditionnelle qui scelle l'union entre deux conjoints par un verre de vin. C'est aussi le moment idéal pour les familles de s'unir et pour les parents de la jeune fille d'exiger une alliance de paix à leur gendre (Genèse 31 : 44, 50-55). Il s'accompagne de festivités, du versement de la dot ou non.

c- Le mariage légal

Le mariage légal est une cérémonie d'officialisation d'une union entre deux conjoints devant les autorités compétentes en la matière. Il se scelle par une bague, selon qu'il est de coutume, et se matérialise par l'établissement d'un acte écrit attestant sa conformité.

L'entente faite devant l'Éternel est la même devant Monsieur le Maire ou l'Officier d'état civil.

Ce mariage garantit la protection des époux et des enfants, ainsi que la sécurité de leurs biens durant la vie du couple et après la mort de l'un des conjoints.

Un bon mariage est donc lié par le Seigneur, approuvé par la famille, et authentifié par la loi. Il peut se célébrer partiellement ou d'un seul coup.

d- Le mariage entre beau-frère et belle-sœur

Le mariage entre le beau-frère et la belle-sœur concerne le frère et la femme du défunt. Car il est écrit: *lorsque des frères demeureront ensemble, et que l'un d'eux mourra sans laisser de fils, la femme du défunt ne se mariera point au dehors avec un étranger, mais son beau-frère ira vers elle, la prendra pour femme, et l'épousera comme beau-frère.*

Le premier-né qu'elle enfantera succédera au frère mort et portera son nom, afin que ce nom ne soit pas effacé d'Israël. Si cet homme ne veut pas prendre sa belle-sœur, elle montera à la porte vers les anciens, et dira: mon beau-frère refuse de relever en Israël le nom de son frère, il ne veut pas m'épouser par droit de beau-frère.

Les anciens de la ville l'appelleront, et lui parleront. S'il persiste, et dit: je ne veux pas la prendre, alors sa belle-sœur s'approchera de lui en présence des anciens, lui ôtera son soulier du pied, et lui crachera au visage. Et prenant la parole, elle dira: ainsi sera fait à l'homme qui ne relève pas la maison de son frère. Et sa maison sera appelée en Israël la maison du déchaussé. Deutéronome 25 : 5-10.

e- Le mariage des héritières

Par soucis de conserver les richesses de chaque tribu de son peuple, Dieu a défendu aux filles qui héritent de se marier hors de leurs tribus, selon qu'il est écrit: *aucun héritage parmi les enfants d'Israël ne passera d'une tribu à une autre tribu, mais les enfants d'Israël s'attacheront chacun à l'héritage de la tribu de ses pères.*

Et toute fille, possédant un héritage dans les tribus des enfants d'Israël, se mariera à quelqu'un d'une famille de la tribu de son père, afin que les enfants d'Israël possèdent chacun l'héritage de leurs pères.

Aucun héritage ne passera d'une tribu à une autre tribu, mais les tribus des enfants d'Israël s'attacheront chacune à son héritage. Nombres 36 : 7-9.

f- Le mariage monogamique

Le mariage monogamique est une union exclusive entre deux conjoints. Il concerne particulièrement l'homme à qui Dieu a gardé entière sa moitié, et exige une fidélité absolue. Cependant, ceux qui le concluent viole souvent ses dispositions en allant discrètement voir ailleurs, ce qui est réprimé par Dieu. Car il est écrit: *vous couvrez de larmes l'autel de l'Éternel, de pleurs et de gémissements, en sorte qu'il n'a plus égard aux offrandes et qu'il ne peut rien agréer de vos mains.*

Et vous dites: pourquoi? Parce que l'Éternel a été témoin entre toi et la femme de ta jeunesse, à laquelle tu es infidèle, bien qu'elle soit ta compagne et la femme de ton alliance.

Nul n'a fait cela, avec un reste de bon sens. Un seul l'a fait, et pourquoi? Parce qu'il cherchait la postérité que Dieu lui avait promise. Prenez donc garde en votre esprit, et qu'aucun ne soit infidèle à la femme de sa jeunesse! Malachie 2 : 13-15.

C'est vice versa. Il vaut donc mieux pour chacun d'user de prévenance réciproque en choisissant le régime polygamique, même s'il ne peut pas entreprendre une seconde noce, que de prendre un engagement de complaisance devant Dieu et devant les hommes.

Car il est écrit: *si tu fais un vœu à l'Éternel, ton Dieu, tu ne tarderas point à l'accomplir: car l'Éternel, ton Dieu, t'en demanderait compte, et tu te chargerais d'un péché.*

Si tu t'abstiens de faire un vœu, tu ne commettras pas un péché. Mais tu observeras et tu accompliras ce qui sortira de tes lèvres, par conséquent les vœux que tu feras volontairement à l'Éternel, ton Dieu, et que ta bouche aura prononcés. Deutéronome 23 : 21-23.

g- Le mariage polygamique et la polyandrie

1- La polygamie

Bien que le mariage ait été fondé par l'Éternel sur la base monogamique, nous découvrons dans les Saintes Écritures qu'il y a eu en tout temps plusieurs mariages à régime polygamique au milieu du peuple élu de Dieu. Notamment parmi ses bien-aimés tels qu'Abraham, Jacob, David, Salomon, etc. Et même, un souverain sacrificateur d'Israël nommé Jehojada prit pour le roi Joas deux femmes (II chroniques 24 : 3). Ceci est une preuve irréfutable que Dieu n'est pas contre la polygamie, n'en déplaise à ceux qui prêchent le contraire. C'est même dans la polygamie qu'il a choisi les douze patriarches, fils d'Israël, qui forment son peuple.

Toutefois, n'allez pas croire que la polygamie concerne tout le monde, non. Les serviteurs de Dieu du sanctuaire doivent entre les premiers à la proscrire de leur agenda. Cette parole est certaine: *si quelqu'un aspire à la charge d'évêque, il désire une œuvre excellente. Il faut donc que l'évêque soit irréprochable, mari d'une seule femme, sobre, modéré, réglé dans sa conduite, hospitalier, propre à l'enseignement.*

Les diacres doivent être maris d'une seule femme, et diriger bien leurs enfants et leurs propres maisons; car ceux qui remplissent convenablement leur ministère s'acquièrent un rang honorable, et une grande assurance dans la foi en Jésus Christ. 1 Timothée 3 : 1, 2, 12, 13.

Mais Dieu autorise la polygamie aux autres frères et sœurs en Christ, qui le désirent. Car ainsi parle l'Éternel à toutes les femmes qui sacrifient jeunesse aux voluptés et qui pensent au mariage quand leur beauté a fanée: *parce que les filles de Sion sont orgueilleuses, et qu'elles marchent le cou tendu et les regards effrontés, parce qu'elles vont à petits pas, et qu'elles font résonner les boucles de leurs pieds, le Seigneur rendra chauve le sommet de la tête des filles de Sion, l'Éternel découvrira leur nudité.*

En ce jour, le Seigneur ôtera les boucles qui servent d'ornement à leurs pieds, et les filets et les croissants; les pendants d'oreilles, les bracelets et les voiles; les diadèmes, les chaînettes des pieds et les ceintures, les boîtes de senteur et les amulettes; les bagues et les anneaux du nez; les vêtements précieux et les larges tuniques, les manteaux et les gibecières; les miroirs et les chemises fines, les turbans et les surtouts légers.

Au lieu de parfum, il y aura de l'infection; au lieu de ceinture, une corde; au lieu de cheveux bouclés, une tête chauve; au lieu d'un large manteau, un sac étroit; une marque flétrissante, au lieu de beauté.

Tes hommes tomberont sous le glaive, et tes héros dans le combat. Les portes de Sion gémiront et seront dans le deuil; dépouillée, elle s'assiéra par terre.

Et sept femmes saisiront en ce jour un seul homme, et diront: nous mangerons notre pain, et nous nous vêtirons de nos habits; fais-nous seulement porter ton nom! Enlève notre opprobre! Ésaïe 3 v 16 à 4 v1.

Par ce passage de l'Écriture, le Seigneur proclame ouvertement la polygamie, et indique le nombre normal de femmes (sept) qu'un homme doit avoir dans un foyer conjugal à régime polygamique.

Mais voici par conséquent la loi de la polygamie: *si un homme prend une autre femme, il ne retranchera rien pour la première à la nourriture, au vêtement, et au droit conjugal. Et s'il ne fait pas pour elle ces trois choses, elle pourra sortir sans rien payer, sans donner de l'argent.* Exode 21 : 10-11.

Si un homme, qui a deux femmes, aime l'une et n'aime pas l'autre, et s'il en a des fils dont le premier-né soit de la femme qu'il n'aime pas, il ne pourra point, quand il partagera son bien entre ses fils, reconnaître comme premier-né le fils de celle qu'il aime, à la place du fils de celle qu'il n'aime pas, et qui est le premier-né. Mais il reconnaîtra pour premier-né le fils de celle qu'il n'aime pas, et lui donnera sur son bien une portion double; car ce fils est les prémices de sa vigueur, le droit d'aînesse lui appartient. Deutéronome 21 : 15-17.

Selon les statistiques, les femmes sont plus nombreuses que les hommes, même si dans d'autres pays il y a pénurie; et si chacun prenait une seule compagne, que ferait le reste?

La polygamie est un dessein de Dieu, et concerne les hommes à qui il avait divisé leurs moitiés en plusieurs parties dès la création. Lorsqu'il les rassemble, elles deviennent une seule personne par leur complémentarité au même titre que ceux qui ont une seule moitié.

Généralement, les hommes polygames sont des gens bien nantis matériellement, et supportent aisément leur charge familiale. Mais beaucoup d'hommes ignorent leur statut de polygame et s'improvisent monogames sous l'influence de leur première épouse ou de leur entourage; malgré cela, le destin de Dieu finit toujours par les rattraper.

Avant donc toute conclusion d'alliance de mariage à régime monogamique ou polygamique, consultez la parole de Dieu et entendez-vous avec votre conjoint. Cela est important pour votre avenir.

Dans la plupart des Églises, certains de leurs dirigeant rament à contre-courant contre cette volonté de Dieu et imposent à leurs fidèles soit le renvoie du superflu de leurs épouses et de leurs enfants, soit de quitter leurs maris.

Cela est complètement dingue pour ne pas dire insensé. Comment un homme vieux ou jeune qui se sent heureux dans sa polygamie et qui vient à Dieu pour se convertir peut-il se permettre le luxe de jeter dehors ses moitiés qu'il aime, ou comment est-ce possible qu'une femme amoureuse de son mari puisse se permettre de le quitter, sous prétexte qu'il ou qu'elle veut devenir enfant de Dieu? Chez qui iront les répudiés? N'est-il pas écrit: *je hais la répudiation, dit l'Éternel, le Dieu d'Israël, et celui qui couvre de violence son vêtement, dit l'Éternel des armées. Prenez donc garde en votre esprit, et ne soyez pas infidèles!* Malachie 2 : 16.

N'est-ce pas là une façon de les exposer à l'adultère? Quelle est même le passage de l'Écriture qui enseigne que les païens qui se convertissent à Christ doivent obligatoirement répudier leurs autres épouses et enfants?

Si les bien-aimés de Dieu, enfants d'Israël ont trainé avec eux plusieurs épouses, à plus forte raison les païens qui se convertissent à Christ! Le mariage, qu'il soit à régime monogamique ou polygamique est une convention entre l'homme et la femme, et Dieu est leur seul médiateur. Tenez-vous donc à l'écart et n'ajoutez pas vos lois à celles de Dieu, de peur que vous ne soyez trouvés menteurs.

Car Jésus ne rejette personne, selon qu'il est écrit: *tous ceux que le Père me donne viendront à moi, et je ne mettrai pas dehors celui qui vient à moi; car je suis descendu du ciel pour faire, non ma volonté, mais la volonté de celui qui m'a envoyé.*

Or, la volonté de celui qui m'a envoyé, c'est que je ne perde rien de tout ce qu'il m'a donné, mais que je le ressuscite au dernier jour. La volonté de mon Père, c'est que quiconque voit le Fils et croit en lui ait la vie éternelle; et je le ressusciterai au dernier jour. Jean 6 : 36-40.

Puisqu'il n'y a pas dans les Saintes Écritures une loi qui interdit formellement la polygamie, qu'on laisse tranquille les polygames qui viennent à Christ. Si quelqu'un est polygame, c'est pour Dieu qu'il l'est, et s'il est monogame, c'est toujours pour Dieu qu'il l'est; et Dieu est tout en tous. En tant que souverain, Dieu est le seul habilité à ordonner la répudiation comme il l'a fait avec Abraham pour Agar. (Genèse 21 : 9-13).

Mais si un enfant de Dieu épouse délibérément une autre femme, surtout une mondaine sans l'autorisation du Seigneur dans la consultation de sa parole, c'est là que le serviteur de Dieu peut user de son pouvoir et ordonner le renvoi de celle-ci, car Dieu le lui fera connaître. (Esdras 9 et 10).

Voilà la position tranchée de Dieu en ce qui regarde la polygamie du milieu de son peuple. Maintenant écoutez donc serviteurs dictateurs: *pourquoi tentez-vous Dieu, en mettant sur le cou des disciples un joug que ni nos pères ni nous n'avons pu porter? Mais c'est par la grâce du Seigneur Jésus que nous croyons être sauvés, de la même manière qu'eux.*

C'est pourquoi je suis d'avis qu'on ne crée pas des difficultés à ceux des païens qui se convertissent à Dieu, mais qu'on leur écrive de s'abstenir des souillures des idoles, de l'impudicité, des animaux étouffés et du sang.

Car, depuis bien des générations, Moïse a dans chaque ville des gens qui le prêchent, puisqu'on le lit tous les jours de sabbat dans les synagogues. Actes 15 : 10-11, 19-21.

Chers frères en Christ polygames, prenez garde que personne ne fasse de vous sa proie par la philosophie et par une vaine tromperie, s'appuyant sur la tradition des hommes, sur les rudiments du monde, et non sur Christ.

Que chacun demeure dans l'état où il était lorsqu'il a été appelé. As-tu été appelé étant polygame, demeure polygame. Es-tu lié à une femme, à un homme, ne cherche pas à rompre ce lien; mais ne prends pas d'autres femmes ou ne quitte pas ton mari, sauf si c'est la volonté de Dieu.

2- La polyandrie

La polyandrie ou la bigamie est le fait pour la femme mariée, veuve ou libre de se lier ou d'entretenir de rapports sexuels avec plusieurs hommes à la fois, pour des raisons d'intérêt ou pécuniaire. Si Dieu a permis à l'homme d'être polygame, tel ne pas le cas avec la femme. Cette tendance est purement Charnelle et conduit tout droit à la perdition. Car il est écrit: *une femme est liée aussi longtemps que son mari est vivant; mais si le mari meurt, elle est libre de se marier à qui elle veut; seulement, que ce soit dans le Seigneur.*

Elle est plus heureuse, néanmoins, si elle demeure comme elle est, suivant mon avis. Et moi aussi, je crois avoir l'Esprit de Dieu. 1corinthiens 7 : 39-40.

B- *LE MAUVAIS MARIAGE*

Le mauvais mariage est une union qui se contracte sans l'aval du Seigneur, mais de la seule volonté de l'homme. Il existe sous plusieurs formes, entre autres: *le mariage avec les femmes étrangères; le mariage de raison; le mariage de convenance; le mariage par amour charnel; le mariage arrangé; le contrat de mariage; l'union libre; le mariage en blanc; le mariage par intérêt; le mariage putatif; le mariage morganatique; le mariage homosexuel; le mariage spirituel et la prostitution.*

a- Le mariage avec les femmes étrangères

Le mariage avec une femme étrangère est un choix délibéré pour un frère en Christ de sortir du milieu du peuple de Dieu pour se lier avec une femme d'un dieu étranger. Ces femmes sont des pièges auprès des enfants de Dieu.

Certaines sœurs en Christ célibataires entreprennent pareillement ce genre d'union avec des hommes étrangers pour l'amour d'argent.

N'est-ce pas en cela qu'a péché Salomon, roi d'Israël? Il n'y avait point de roi semblable à lui parmi la multitude des nations, il était aimé de son Dieu, et Dieu l'avait établi roi sur tout Israël; néanmoins, les femmes étrangères l'entraînèrent aussi dans le péché.

Faut-il donc apprendre à votre sujet que vous commettez un aussi grand crime et que vous péchez contre notre Dieu en prenant des femmes étrangères? Néhémie 13 : 26-27.

b- Le mariage de raison

Le mariage de raison est basé sur l'exploitation de l'autre. Une fois l'objectif atteint, on provoque la séparation.

c- Le mariage de convenance

Le mariage de convenance se conclu non par providence divine, mais par affinité d'humeur, de pulsions sexuelles, de goût entre deux époux ou par souci de classe sociale. Il aboutit souvent à la rupture dès que l'un des partenaires trouve mieux ailleurs.

d- Le mariage par amour charnel

Le mariage par amour charnel commence toujours par un coup de foudre, et se termine par une pluie de larmes. Car cette passion est souvent unilatérale.

e- Le mariage arrangé

Le mariage arrangé est une union orchestrée par un tiers entre deux personnes inconnues et éloignées. Il prend timidement son envol et se termine pour la plupart par la déception.

f- Le contrat de mariage

Le mariage sur contrat ou le contrat de mariage est une union qui fixe le régime des biens des époux. Il privilégie le matériel au détriment du sentiment. Il connait aussi beaucoup de marchandages et de chicanes qui conduisent le couple au divorce.

g- L'union libre

L'union libre ou le concubinage est une relation sans engagement légal entre un homme et une femme qui vivent maritalement avec ou sans enfants. Elle peut prendre fin à tout moment.

h- Le mariage en blanc

Le mariage en blanc est une union fictive et sans issue entre un homme et une femme, visant à tromper la vigilance des pouvoirs publics pour l'obtention d'un quelconque avantage.

i- Le mariage par intérêt

Le mariage par intérêt est une union qui se tisse sur calcul et non par amour, il peut s'interrompre à tout moment.

j- Le mariage putatif

Le mariage putatif est une union qui ne peut jamais aboutir. Il est souvent contracté avec des mineurs ou entre les proches parents (l'inceste au premier degré). Il est interdit par la loi.

k- Le mariage morganatique

Le mariage morganatique est une union contractée par un prince ou une princesse avec une femme ou un homme de condition inférieure, qui ne bénéficie pas des droits de l'épouse ou de l'époux. C'est un mariage sans objet.

l- Le mariage homosexuel

Le mariage homosexuel est une union contractée entre deux personnes de même sexe. Il est en abomination aux yeux de Dieu. Car la loi de l'équilibre obéit forcement à la logique de l'opposé. Ceci étant, ceux qui se laissent entraîner par ce désir pernicieux œuvre pour leur destruction et celle du monde.

m- Le mariage spirituel

Le mariage spirituel est d'une part, une union malicieuse ou une relation sexuelle magico spirituelle qui se contracte entre deux personnes par la médiation des démons ou encore une union tacite entre une personne et une entité spirituelle pour atteindre un but précis.

D'autre part, c'est union sexuelle entre deux personnes sorcières consentantes ou une relation sexuelle abstraite pratiquée par une personne sorcière sur une personne naïve visant à la posséder ou à l'envoûter. Il est diabolique.

n- La prostitution

La prostitution est une union sexuelle commerciale de courte durée entre un homme et une femme ou entre les personnes de même sexe etc. Elle a pour père: le vice, et pour mère: la démence. Les deux engendrent: la turpitude.

CHAPITRE VI

LES OBSTACLES DU MARIAGE

Tous les mariages traversent les épreuves telles que: *la stérilité, la jalousie, l'infidélité conjugale, le mépris du partenaire, les vacances sexuelles, le manque de dialogue, la négligence de soi, l'autodestruction, l'inattention, l'éloignement, la privation du sexe, la précarité, les disputes, la violence conjugale, la routine, l'incompatibilité, l'ingérence, l'oppression, le divorce, etc.*

1- La stérilité

La stérilité au sein du couple est souvent la source de malheurs et de discordes pour ceux qui manquent de foi en Dieu, et pousse les hommes et les femmes impatients à l'infidélité, et parfois au divorce.

Que faire donc lorsqu'on fait face à cette situation? Doit-on se lancer à l'infidélité conjugale, à la bigamie, ou à la polygamie? Faut-il divorcer ou recourir à la fécondation in vitro? Loin de là; un enfant de Dieu ne fera point cela, il s'identifiera à Abraham en marchant sur les traces de sa foi, afin d'obtenir gain de cause. Tant qu'il n'a pas encore atteint l'âge de cent ans, il ne doit point perdre espoir, et tant que la femme n'a pas quatre-vingt-dix ans, elle ne doit point désespérer. Car les hommes et les femmes qui font profession de servir Dieu sont éprouvés de cette façon. Isaac eut des enfants à soixante ans, Zacharie et Élisabeth eurent un fils dans leur vieillesse. Anne et Rachel et bien d'autres sont cités en exemple.

Comprenez donc que rien n'est impossible à Dieu, car voici ce que déclare l'Éternel à ceux qui entrent dans sa sainte alliance: *il n'y aura dans ton pays ni femme qui avorte ni femme stérile.* Exode 23 : 26.

La stérilité fait partie des chars que Dieu envoie à son peuple du milieu du monde pour les amener à lui. Car il est écrit: *toutes choses concourent au bien de ceux qui aiment Dieu, de ceux qui sont appelés selon son dessein.* Romains 8 : 28.

2- La jalousie

La jalousie au sein du foyer conjugal est une preuve excessive d'amour d'un conjoint envers l'autre et ne doit pas être considérée comme un défaut. Car Dieu aussi est jaloux envers ses enfants par alliance et n'accepte pas qu'ils se prostituent à d'autres dieux. Mais la jalousie maladive peut produire la fatalité; raison pour laquelle Dieu a pris certaines mesures afin de calmer les esprits, surtout ceux des hommes, en disant: *si une femme se détourne de son mari, et lui devient infidèle; si un autre a commerce avec elle, et que la chose soit cachée aux yeux de son mari; si elle s'est souillée en secret, sans qu'il y ait de témoin contre elle, et sans qu'elle ait été prise sur le fait; et si le mari est saisi d'un esprit de jalousie et a des soupçons sur sa femme, qui s'est souillée, ou bien s'il est saisi d'un esprit de jalousie et a des soupçons sur sa femme, qui ne s'est point souillée; cet homme amènera sa femme au sacrificateur, et apportera en offrande pour elle un dixième d'épha de farine d'orge; il n'y répandra point d'huile, et n'y mettra point d'encens, car c'est une offrande de jalousie, une offrande de souvenir, qui rappelle une iniquité.*

Le sacrificateur la fera approcher, et la fera tenir debout devant l'Éternel. Le sacrificateur prendra de l'eau sainte dans un vase de terre; il prendra de la poussière sur le sol du tabernacle, et la mettra dans l'eau. Le sacrificateur fera tenir la femme debout devant l'Éternel; il découvrira la tête de la femme, et lui posera sur les mains l'offrande de souvenir, l'offrande de jalousie; le sacrificateur aura dans sa main les eaux amères qui apportent la malédiction.

Le sacrificateur fera jurer la femme, et lui dira: si aucun homme n'a couché avec toi, et si, étant sous la puissance de ton mari, tu ne t'en es point détournée pour te souiller, ces eaux amères qui apportent la malédiction ne te seront point funestes.

Mais si, étant sous la puissance de ton mari, tu t'en es détournée et que tu te sois souillée, et si un autre homme que ton mari a couché avec toi, et le sacrificateur fera jurer la femme avec un serment d'imprécation, et lui dira: que l'Éternel te livre à la malédiction et à l'exécration au milieu de ton peuple, en faisant dessécher ta cuisse et enfler ton ventre, et que ces eaux qui apportent la malédiction entrent dans tes entrailles pour te faire enfler le ventre et dessécher la cuisse! Et la femme dira: Amen! Amen!

Le sacrificateur écrira ces imprécations dans un livre, puis les effacera avec les eaux amères. Et il fera boire à la femme les eaux amères qui apportent la malédiction, et les eaux qui apportent la malédiction entreront en elle pour produire l'amertume.

Le sacrificateur prendra des mains de la femme l'offrande de jalousie, il agitera l'offrande de côté et d'autre devant l'Éternel, et il l'offrira sur l'autel; le sacrificateur prendra une poignée de cette offrande comme souvenir, et il la brûlera sur l'autel. C'est après cela qu'il fera boire les eaux à la femme.

Quand il aura fait boire les eaux, il arrivera, si elle s'est souillée et a été infidèle à son mari, que les eaux qui apportent la malédiction entreront en elle pour produire l'amertume; son ventre s'enflera, sa cuisse se desséchera, et cette femme sera en malédiction au milieu de son peuple. Mais si la femme ne s'est point souillée et qu'elle soit pure, elle sera reconnue innocente et aura des enfants.

Telle est la loi sur la jalousie, pour le cas où une femme sous la puissance de son mari se détourne et se souille, et pour le cas où un mari saisi d'un esprit de jalousie a des soupçons sur sa femme: le sacrificateur la fera tenir debout devant l'Éternel, et lui appliquera cette loi dans son entier. Le mari sera exempt de faute, mais la femme portera la peine de son iniquité. Nombres 5 : 11-31.

Cependant, si la femme refuse de suivre son mari chez le sacrificateur, elle plaide coupable, et le mari pourra divorcer.

3- L'infidélité conjugale

Malgré l'alliance de mariage qui interdit l'adultère et la convoitise de la chair au peuple de Dieu, beaucoup de conjoints courent toujours le risque de tromper leurs partenaires, oubliant que l'infidélité est le chemin qui mène à la mort. Selon qu'il est écrit: *quelqu'un mettra-t-il du feu dans son sein, sans que ses vêtements s'enflamment? Quelqu'un marchera-t-il sur des charbons ardents, sans que ses pieds soient brûlés? Il en est de même pour celui qui va vers la femme de son prochain: quiconque la touche ne restera pas impuni.*

On ne tient pas pour innocent le voleur qui dérobe pour satisfaire son appétit, quand il a faim; si on le trouve, il fera une restitution au septuple, il donnera tout ce qu'il a dans sa maison. Mais celui qui commet un adultère avec une femme est dépourvu de sens, celui qui veut se perdre agit de la sorte; il n'aura que plaie et ignominie, et son opprobre ne s'effacera point. Proverbes 6 : 27-33.

Les enfants de Dieu ne devraient-ils pas suivre l'exemple de Joseph, qui par la crainte de son Dieu, préféra souffrir que de coucher la femme de son maître? Dieu ne fut-il pas avec lui? (Genèse 39 : 6-23).

Alors, toi frère ou sœur infidèle, ainsi parle le Seigneur: prenez donc garde en votre esprit, et qu'aucun ne soit infidèle à la femme de sa jeunesse! Malachie 2 : 15b.

4- Le mépris du partenaire

Le mépris du partenaire conduit à la disgrâce et favorise l'infidélité conjugale ou la polygamie. Pour maintenir l'équilibre du foyer, la fille du Seigneur se comportera comme Sara et non comme la reine vasthi (Esther 2 : 10-22). Car il est écrit: *femmes, soyez soumises à vos maris, comme au Seigneur; car le mari est le chef de la femme, comme Christ est le chef de l'Église, qui est son corps, et dont il est le Sauveur. Or, de même que l'Église est soumise à Christ, les femmes aussi doivent l'être à leurs maris en toutes choses.*

Maris, aimez vos femmes, comme Christ a aimé l'Église, et s'est livré lui-même pour elle, afin de la sanctifier par la parole, après l'avoir purifiée par le baptême d'eau, afin de faire paraître devant lui cette Église glorieuse, sans tache, ni ride, ni rien de semblable, mais sainte et irrépréhensible.

C'est ainsi que les maris doivent aimer leurs femmes comme leurs propres corps. Celui qui aime sa femme s'aime lui-même. Car jamais personne n'a haï sa propre chair; mais il la nourrit et en prend soin, comme Christ le fait pour l'Église, parce que nous sommes membres de son corps. Éphésiens 5 : 22-29.

5- La vacance sexuelle

La vacance sexuelle est une courte période d'interruption involontaire de rapports intimes entre deux conjoints causée soit: *par la menstruation, la pollution, l'accouchement, les vœux de consécration à Dieu à durée déterminée, les jeûnes, les maladies vénériennes, etc.* C'est aussi le moment idéal de récupération pour le couple.

a) La menstruation

La menstruation est un ensemble des modifications périodiques de l'utérus et du vagin déclenchées par les sécrétions ovariennes préparant à la fécondation et à la gestation. Cette période proscrit les rapports sexuels. Selon qu'il est écrit: *la femme qui aura un flux, un flux de sang en sa chair, restera sept jours dans son impureté. Quiconque la touchera sera impur jusqu'au soir.*

Tout lit sur lequel elle couchera pendant son impureté sera impur, et tout objet sur lequel elle s'assiéra sera impur. Quiconque touchera son lit lavera ses vêtements, se lavera dans l'eau, et sera impur jusqu'au soir. Quiconque touchera un objet sur lequel elle s'est assise lavera ses vêtements, se lavera dans l'eau, et sera impur jusqu'au soir.

S'il y a quelque chose sur le lit ou sur l'objet sur lequel elle s'est assise, celui qui la touchera sera impur jusqu'au soir. Si un homme couche avec elle et que l'impureté de cette femme vienne sur lui, il sera impur pendant sept jours, et tout lit sur lequel il couchera sera impur.

La femme qui aura un flux de sang pendant plusieurs jours hors de ses époques régulières, ou dont le flux durera plus qu'à l'ordinaire, sera impure tout le temps de son flux, comme au temps de son indisposition menstruelle. Tout lit sur lequel elle couchera pendant la durée de ce flux sera comme le lit de son flux menstruel, et tout objet sur lequel elle s'assiéra sera impur comme lors de son flux menstruel.

Quiconque les touchera sera souillé; il lavera ses vêtements, se lavera dans l'eau, et sera impur jusqu'au soir.

Lorsqu'elle sera purifiée de son flux, elle comptera sept jours, après lesquels elle sera pure. Le huitième jour, elle prendra deux tourterelles ou deux jeunes pigeons (jeûne accompagné d'une modeste offrande), *et elle les apportera au sacrificateur, à l'entrée de la tente d'assignation.*

Le sacrificateur offrira l'un en sacrifice d'expiation, et l'autre en holocauste; et le sacrificateur fera pour elle l'expiation devant l'Éternel, à cause du flux qui la rendait impure. Vous éloignerez les enfants d'Israël de leurs impuretés, de peur qu'ils ne meurent à cause de leurs impuretés, s'ils souillent mon tabernacle qui est au milieu d'eux. Lévitique 15 : 19-31.

b) La pollution

La pollution sexuelle est une forme de souillure qui se produit soit: par la masturbation avec éjaculation, par la jouissance en plein sommeil, par la jouissance externe et dans la capote. Car il est écrit: *l'homme qui aura une pollution lavera tout son corps dans l'eau, et sera impur jusqu'au soir. Tout vêtement et toute peau qui en seront atteints seront lavés dans l'eau, et seront impurs jusqu'au soir. Si une femme a couché avec un tel homme, ils se laveront* (jeûneront) *l'un et l'autre, et seront impurs jusqu'au soir.* Lévitique 15 : 16-18.

c) L'accouchement

Lorsque surviendra la naissance d'un garçon dans un foyer, la femme sera impure pendant quarante jours. Si c'est une fille, elle sera impure durant quatre-vingt jours, après lesquels, elle pourra reprendre l'activité sexuelle au sein du couple. Car ainsi parle l'Éternel: *lorsqu'une femme deviendra enceinte, et qu'elle enfantera un mâle, elle sera impure pendant sept jours; elle sera impure comme au temps de son indisposition menstruelle.*

Le huitième jour, l'enfant sera circoncis. Elle restera encore trente-trois jours à se purifier de son sang; elle ne touchera aucune chose sainte, et elle n'ira point au sanctuaire, jusqu'à ce que les jours de sa purification soient accomplis. Si elle enfante une fille, elle sera impure pendant deux semaines, comme au temps de son indisposition menstruelle; elle restera soixante-six jours à se purifier de son sang.

Lorsque les jours de sa purification seront accomplis, pour un fils ou pour une fille, elle apportera au sacrificateur, à l'entrée de la tente d'assignation, un agneau d'un an pour l'holocauste, et un jeune pigeon ou une tourterelle pour le sacrifice d'expiation (jeûne accompagné d'une offrande). *Le sacrificateur les sacrifiera devant l'Éternel, et fera pour elle l'expiation; et elle sera purifiée du flux de son sang.*

Telle est la loi pour la femme qui enfante un fils ou une fille. Si elle n'a pas de quoi se procurer un agneau, elle prendra deux tourterelles ou deux jeunes pigeons, l'un pour l'holocauste, l'autre pour le sacrifice d'expiation. Le sacrificateur fera pour elle l'expiation, et elle sera pure. Lévitique 12 : 1-8.

d) Les vœux de consécration à durée déterminée

Un conjoint peut en cas de besoin s'entendre avec son âme sœur pour se consacrer à Dieu et vaquer à sa prière pendant une période bien déterminée et s'abstenir de tout rapport sexuel. Cela est parfois utile pour sa recharge spirituelle.

e) Les jeûnes

Avant d'entamer un jeûne, le conjoint a l'obligation de prévenir son âme sœur de son indisponibilité au lit durant son abstinence.

f) Les maladies vénériennes

Les maladies vénériennes font parties des impuretés de l'homme et de la femme nécessitant un arrêt de rapports sexuels et un traitement d'urgence. Car ainsi parle l'Éternel: *tout homme qui a une gonorrhée est par là même impur. C'est à cause de sa gonorrhée qu'il est impur: que sa chair laisse couler son flux, ou qu'elle le retienne, il est impur.*

Tout lit sur lequel il couchera sera impur, et tout objet sur lequel il s'assiéra sera impur. Celui qui touchera son lit lavera ses vêtements, se lavera dans l'eau, et sera impur jusqu'au soir.

Celui qui s'assiéra sur l'objet sur lequel il s'est assis lavera ses vêtements, se lavera dans l'eau, et sera impur jusqu'au soir. Celui qui touchera sa chair lavera ses vêtements, se lavera dans l'eau, et sera impur jusqu'au soir. S'il crache sur un homme pur, cet homme lavera ses vêtements, se lavera dans l'eau, et sera impur jusqu'au soir.

Toute monture sur laquelle il s'assiéra sera impure. Celui qui touchera une chose quelconque qui a été sous lui sera impur jusqu'au soir; et celui qui la portera lavera ses vêtements, se lavera dans l'eau, et sera impur jusqu'au soir.

Celui qui sera touché par lui, et qui ne se sera pas lavé les mains dans l'eau, lavera ses vêtements, se lavera dans l'eau, et sera impur jusqu'au soir. Tout vase de terre qui sera touché par lui sera brisé, et tout vase de bois sera lavé dans l'eau.

Lorsqu'il sera purifié de son flux, il comptera sept jours pour sa purification; il lavera ses vêtements, il lavera sa chair avec de l'eau vive, et il sera pur (jeûne plus offrande).

Le huitième jour, il prendra deux tourterelles ou deux jeunes pigeons, il ira devant l'Éternel, à l'entrée de la

tente d'assignation, et il les donnera au sacrificateur. Le sacrificateur les offrira, l'un en sacrifice d'expiation, et l'autre en holocauste; et le sacrificateur fera pour lui l'expiation devant l'Éternel, à cause de son flux.
Lévitique 15 : 1-15.

6- Le manque de dialogue

Le manque de dialogue dans un couple refroidit l'amour et favorise la séparation.

7- La négligence de soi

La négligence de soi attire le rejet. On ne peut pas vouloir se faire aimer sans soigner son apparence et sans se débarrasser des odeurs corporelles chroniques et répugnantes. Cela ne marche pas avec la sexualité, et personne ne peut se laisser attirer par la trivialité. Car le charme rime avec le raffinement.

Celui qui est marié doit toujours chercher les moyens de plaire à sa femme. Et la femme doit toujours chercher les moyens de séduire son mari, sinon c'est la dérive.

8- L'autodestruction

Il y a certaines femmes dévergondées, qui avant et après leur mariage s'autodétruisent en s'introduisant des choses plus ou moins énormes dans leur intimité pour satisfaire leur désir, ignorant le préjudice sentimental que cela peut causer dans leur foyer. Et elles sont les premières à se plaindre de la petitesse du sexe de leur mari. Or Dieu a créé chaque femme à la pointure de son conjoint, et c'est celui-ci qui a la priorité exclusive d'inaugurer et de se servir de la piste de son jardin secret, afin qu'elle ne soit pas abîmée avant le temps. Mais si celle-ci transforme le chemin de son verger en autoroute, elle a peu de chance de conserver son époux, car tous les hommes aiment à pédaler sur des sentiers étroits et non sur des boulevards.

9- L'inattention

L'inattention d'un partenaire envers l'autre dans un couple est une preuve visible du manque d'amour.

10- L'éloignement

L'éloignement à long terme de l'un des deux conjoints causé par le voyage, est synonyme du veuvage et mène à l'incontinence, fait lasser la patience, et conduit à l'infidélité.

11- La confiscation du sexe

La confiscation du sexe est un refus catégorique d'un conjoint de céder à la pulsion de l'autre, et peut inciter des disputes et la violence. Elle pousse aussi à l'infidélité et même au divorce. Pour éviter les troubles dans le foyer conjugal: *que le mari rende à sa femme ce qu'il lui doit, et que la femme agisse de même envers son mari.*

La femme n'a pas autorité sur son propre corps, mais c'est le mari; et pareillement, le mari n'a pas autorité sur son propre corps, mais c'est la femme. Ne vous privez point l'un de l'autre, si ce n'est d'un commun accord pour un temps, afin de vaquer à la prière; puis retournez ensemble, de peur que Satan ne vous tente par votre incontinence. 1 Corinthiens 7 : 3-5.

12- La précarité

La précarité au sein d'un couple est un cancer qui ronge l'amour et le tue à petit feu. Car l'amour et la pauvreté ne font jamais bon ménage.

13- Les disputes

Les disputes à répétitions au sein d'un couple créées des frustrations et déchirent l'amour.

14- La violence conjugale

La violence conjugale est destructrice, avilissante, démoralisante pour les enfants et déstabilisante pour le couple. Elle laisse souvent des traces indélébiles et des rancœurs.

15- La routine

La routine est un signe d'essoufflement d'amour dans un couple, dégrade la relation, et pousse à l'infidélité conjugale.

16- L'incompatibilité

L'incompatibilité d'humeur entre deux conjoints indique clairement que les deux ne sont pas faits pour vivre ensemble.

17- L'ingérence

Tous les couples ou presque subissent toujours les ingérences des uns et des autres par de mauvais conseils, du rapportage, etc. Il appartient aux conjoints de résister à ces aléas pour confondre ces démons.

18- L'oppression

Les belles-mères, les belles-sœurs, les beaux-frères et parfois les beaux-pères, par pure malice et jalousie, s'interposent souvent dans le foyer de leur fils et frère ou de leur fille et sœur en dominant avec violence sur l'un des conjoints.

Et lorsque cette oppression atteint le seuil de l'insupportable, la séparation devient inévitable.

19- Le divorce

Quoique Dieu déteste la répudiation, il n'en demeure pas moins vrai que le divorce est destiné aux mauvais mariages cités plus haut. Pour ceux qui sont mariés selon la volonté de Dieu, voici ce que leur ordonne le Seigneur: *que la femme ne se sépare point de son mari* (si elle est séparée, qu'elle demeure sans se marier ou qu'elle se réconcilie avec son mari), *et que le mari ne répudie point sa femme.* 1Corinthiens 7 : 10-11.

Aux autres, ce n'est pas le Seigneur, c'est moi qui dis: si un frère a une femme non-croyante, et qu'elle consente à habiter avec lui, qu'il ne la répudie point; et si une femme a un mari non-croyant, et qu'il consente à habiter avec elle, qu'elle ne répudie point son mari.

Car le mari non-croyant est sanctifié par la femme, et la femme non-croyante est sanctifiée par le frère; autrement, vos enfants seraient impurs, tandis que maintenant ils sont saints. Si le non-croyant se sépare, qu'il se sépare; le frère ou la sœur ne sont pas liés dans ces cas-là. Dieu nous a appelés à vivre en paix. Car que sais-tu, femme, si tu sauveras ton mari? Ou que sais-tu, mari, si tu sauveras ta femme? 1Corinthiens 7 : 12-16.

CONCLUSION

La femme est le premier trésor que Dieu à donner à l'homme. A deux on a le courage d'affronter la vie avec tranquillité d'esprit. Quelqu'un disait un jour: *refuser d'aimer par peur de souffrir, c'est comme refuser de vivre par peur de mourir.*

Celui donc qui trouve une femme ou un mari a trouvé le bonheur, mais une femme vertueuse? Elle a bien plus de valeur que les perles. Le cœur de son mari a confiance en elle, et les produits ne lui feront pas défaut. Elle lui fait du bien, et non du mal, tous les jours de sa vie. Elle se procure de la laine et du lin, et travaille d'une main joyeuse. Elle est comme un navire marchand, elle amène son pain de loin.

Elle se lève lorsqu'il est encore nuit, et elle donne la nourriture à sa maison et la tâche à ses servantes. Elle pense à un champ, et elle l'acquiert; du fruit de son travail elle plante une vigne. Elle ceint de force ses reins, et elle affermit ses bras. Elle sent que ce qu'elle gagne est bon; sa lampe ne s'éteint point pendant la nuit.

Elle met la main à la quenouille, et ses doigts tiennent le fuseau. Elle tend la main au malheureux, elle tend la main à l'indigent. Elle ne craint pas la neige pour sa maison, car toute sa maison est vêtue de cramoisi. Elle se fait des couvertures, elle a des vêtements de fin lin et de pourpre. Son mari est considéré aux portes, lorsqu'il siège avec les anciens du pays.

Elle fait des chemises, et les vend, et elle livre des ceintures au marchand. Elle est revêtue de force et de gloire, et elle se rie de l'avenir. Elle ouvre la bouche avec sagesse, et des instructions aimables sont sur sa langue. Elle veille sur ce qui se passe dans sa maison, et elle ne mange pas le pain de paresse.

Ses fils se lèvent, et la disent heureuse; son mari se lève, et lui donne des louanges: plusieurs filles ont une conduite vertueuse; mais toi, tu les surpasses toutes. La grâce est trompeuse, et la beauté est vaine; la femme qui craint l'Éternel est celle qui sera louée. Récompensez-la du fruit de son travail, et qu'aux portes ses œuvres la louent. Proverbes 31 : 10-31.

Que le mariage soit honoré de tous, et le lit conjugal exempt de souillure, car Dieu jugera les impudiques et les adultères. Que la grâce du Seigneur Jésus-Christ accompagne vos couples. Amen!

LA TABLE DES MATIERES

INTRODUCTION 9

Chapitre I
L'HOMME ET LA FEMME 11

Chapitre II
LE CODE ET LES CLAUSES DU MARIAGE 17

    LE CODE DU MARIAGE

    LES CLAUSES DU MARIAGE

Chapitre III
LE CHOIX D'UN CONJOINT 27

Chapitre IV
LES FIANCAILLES   37

Chapitre V
LE MARIAGE   41

    LE BON MARIAGE

    a- Le mariage dans le Seigneur

        CONFESSION SOLENNELLE D'AMOUR DE L'HOMME A LA FEMME

        CONFESSION SOLENNELLE D'AMOUR DE LA FEMME A L'HOMME

    b- Le mariage en famille

    c- Le mariage légal

    d- Le mariage entre beau-frère et belle-sœur

    e- Le mariage des héritières

    f- Le mariage monogamique

    g- Le mariage polygamique et la polyandrie

        1- La polygamie

        2- La polyandrie

LE MAUVAIS MARIAGE

a- Le mariage avec les femmes étrangères

b- Le mariage de raison

c- Le mariage de convenance

d- Le mariage par amour charnel

e- Le mariage arrangé

f- Le contrat de mariage

g- L'union libre

h- Le mariage en blanc

i- Le mariage par intérêt

j- Le mariage putatif

k- Le mariage morganatique

l- Le mariage homosexuel

m- Le mariage spirituel

n- La prostitution

Chapitre VI
LES OBSTACLES DU MARIAGE 69

1- La stérilité

2- La jalousie

3- L'infidélité conjugale

4- Le mépris de partenaire

5- La vacance sexuelle

    a) La menstruation

    b) La pollution

    c) L'accouchement

    d) Les vœux de consécration à durée déterminée

    e) Le jeûne

    f) Les maladies vénériennes

6- Le manque de dialogue

7- La négligence de soi

8- L'autodestruction

9- L'inattention

10- L'éloignement

11- La confiscation du sexe

12- La précarité

13- Les disputes

14- La violence conjugale

15- La routine

16- L'incompatibilité

17- L'ingérence

18- L'oppression

19- Le divorce

CONCLUSION 89

www.ingramcontent.com/pod-product-compliance
Lightning Source LLC
Chambersburg PA
CBHW071158090426
42736CB00012B/2370